Harry Potter

Filme selber drehen

Harry Potter

Filme selber drehen

Tipps & Tricks für Filmemacher

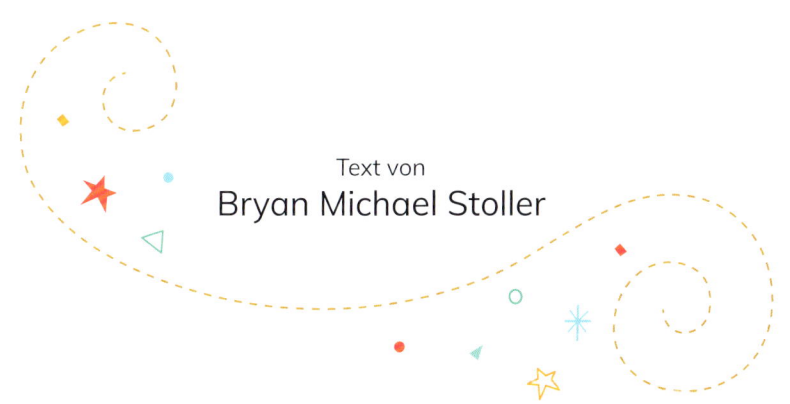

Text von
Bryan Michael Stoller

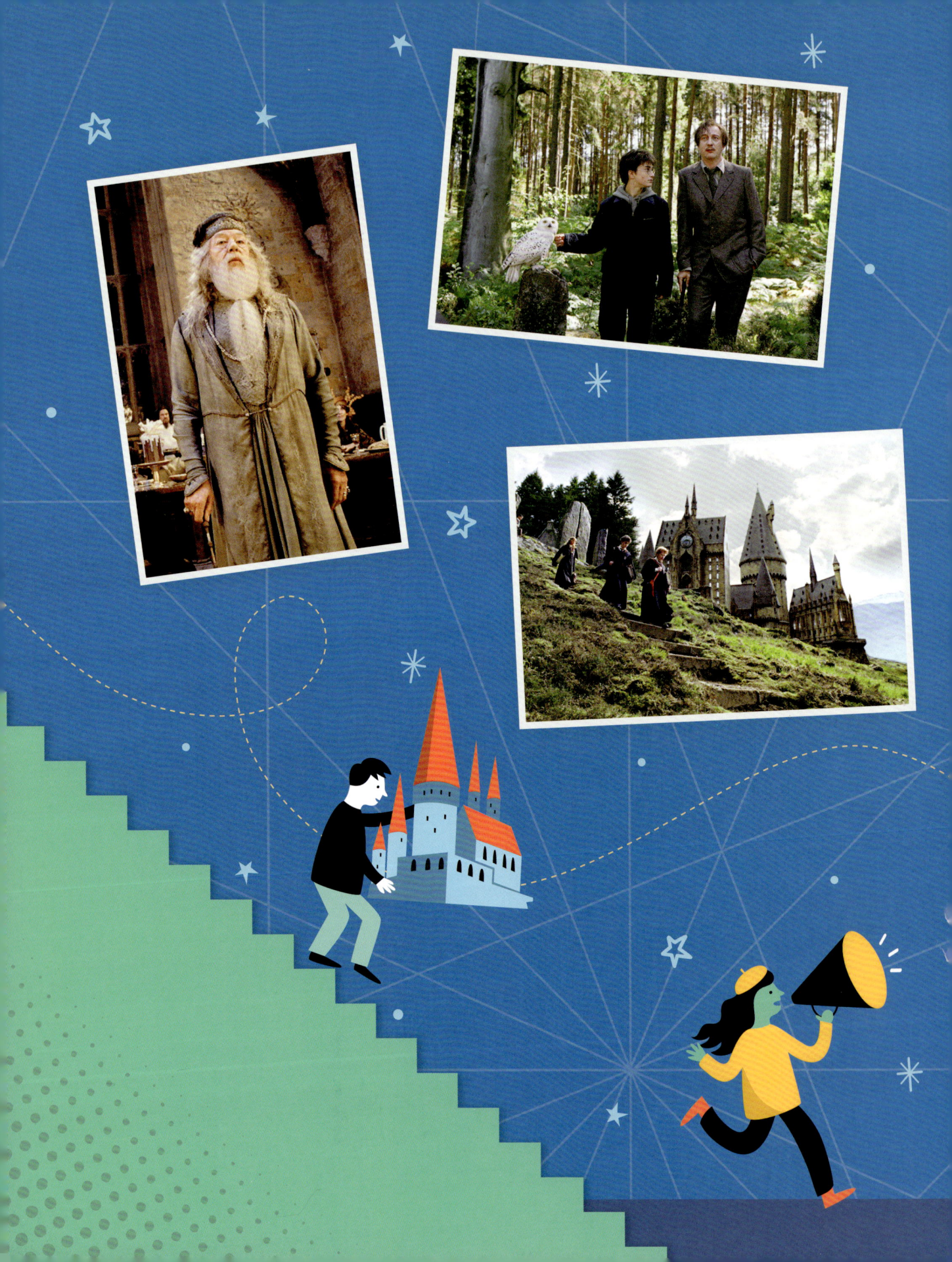

INHALT

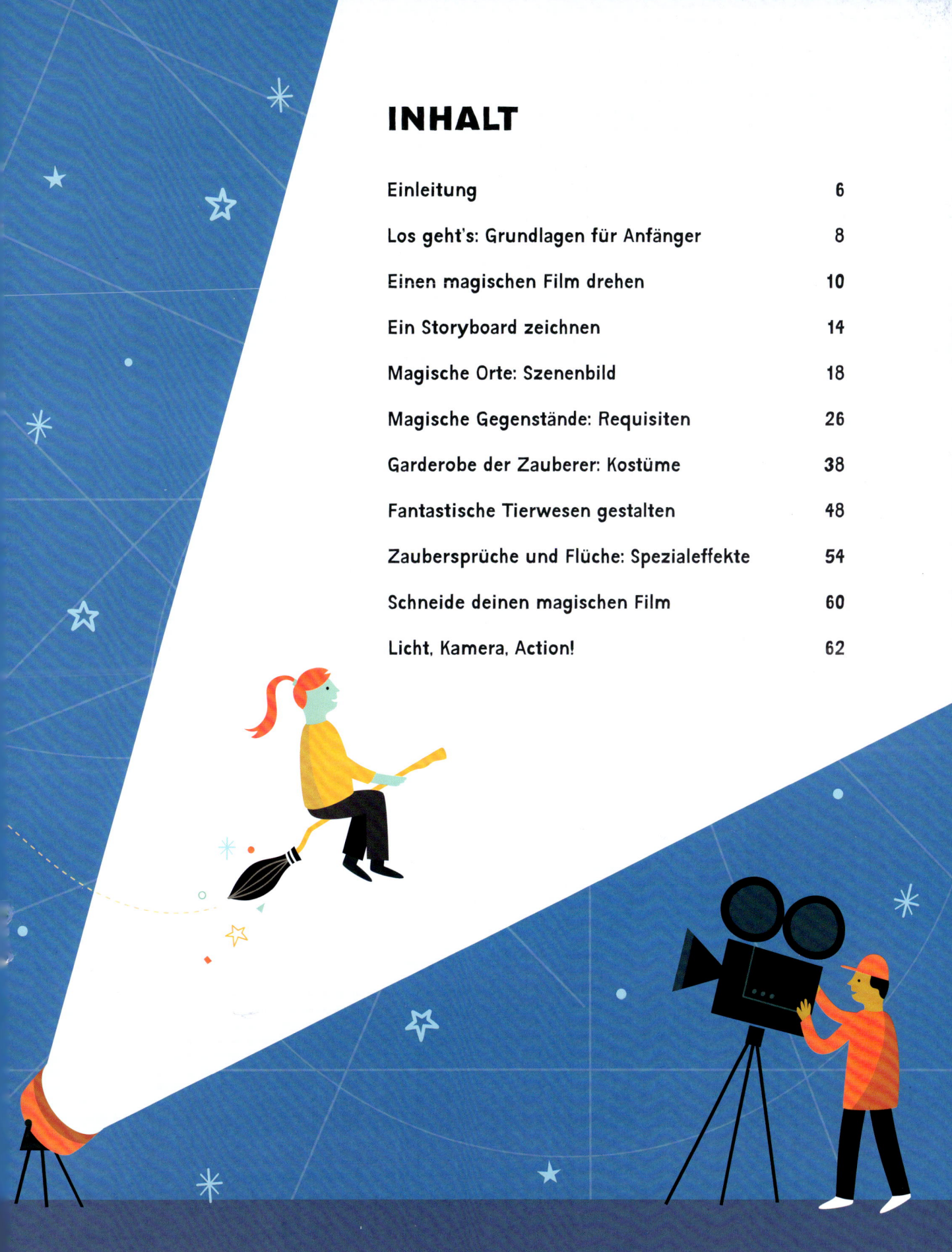

EINLEITUNG

An seinem elften Geburtstag erfährt Harry Potter ein Geheimnis – er ist ein Zauberer und wurde an der Hogwarts-Schule für Hexerei und Zauberei aufgenommen, wo magische Sprüche, Zaubertränke und Verteidigung gegen die Dunklen Künste gelehrt werden.

Wenn es dir geht wie mir, wartest du noch immer auf deinen Brief aus Hogwarts. Zum Glück können wir durch die Harry-Potter-Filme in das wunderbare Schloss reisen und die Magie von Hogwarts mit Harry, Ron und Hermine erleben.

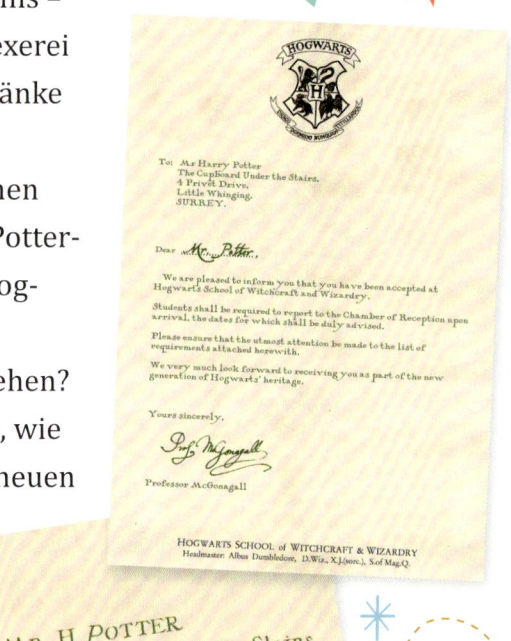

Wäre es nicht toll, einen eigenen Harry-Potter-Film zu drehen? Du könntest deine Version von Hogwarts umsetzen, genau so, wie du es dir vorstellst, und dir die Schulstunde eines seltsamen neuen Professors in Verteidigung gegen die Dunklen Künste ausmalen. Die Mitschüler könnten deine echten Freunde und Verwandten spielen.

Das steckt drin

Dieses Buch bringt dir alles bei, was du wissen musst, um selbst einen Harry-Potter-Minifilm zu drehen, auch wie du Spezialeffekte, Kreaturen und Zauber direkt vor der Kamera beschwörst. Wir erfahren etwas übers Geschichtenerzählen, wie man Einstellungen gestaltet und aneinanderreiht, wie man Schauspieler auswählt und anweist und alles andere, was zum Filmemachen dazugehört. Wir werden herausfinden, wie Profis die Filmmagie erzeugen, die man in den Harry-Potter-Filmen sieht, und uns dort Tipps und Tricks holen, um unseren eigenen Film zu drehen.

Und Action!

Bei den praktischen Aktivitäten dieses Buches bastelst du dir Hogwarts-Schulroben, Zauberstäbe, Rennbesen und vieles mehr. Dir fehlen vielleicht Harrys, Rons oder Hermines Zauberkräfte oder das Budget eines Blockbuster-Filmes, aber mithilfe der magischen Welt des Filmemachens kannst du trotzdem ziemlich überzeugende Illusionen heraufbeschwören. Die Aktivitäten testen deine neu erlernten Fähigkeiten und führen dich zum Ziel: deinen eigenen Minifilm zu drehen!

Dann komm mal mit – machen wir einen Harry-Potter-Film!

LOS GEHT'S: GRUNDLAGEN FÜR ANFÄNGER

Kameras und Kameraführung

Das wichtigste Equipment für deinen Filmdreh ist natürlich eine Kamera!
Wenn du ein Smartphone hast oder dir von deinen Eltern eins leihen kannst,
eignet sich dessen Kamera wunderbar, und es passt noch dazu in deine Tasche.
Oder du nimmst eine kleine digitale Handkamera oder einen Camcorder.

Hast du keinen Ständer für deine Kamera, kannst du deinen Film auch aus
der Hand aufnehmen. Es gibt ein paar Tipps und Tricks, die du im Kopf be-
halten kannst, damit dein Film so professionell wie möglich wirkt:

⭐ Nutze deine Umgebung, damit du ruhiger filmst.
Lehn dich an einen Baum oder stütze die Ellbogen
auf einen Tresen, das hilft schon sehr.

⭐ Versuche, beim Filmen ruhig zu atmen. Womöglich
meinst du, die Luft anhalten zu müssen, aber dann
wackelst du nur umso mehr mit der Kamera, wenn
du schließlich nach Luft schnappst!

⭐ Versuche, die Kamera gerade zu halten. Ist sie zu
sehr in eine Richtung geneigt, kann die Aufnahme
schief wirken. Um das zu vermeiden, orientiere dich
am Horizont und halte ihn immer gerade im Bild.

**Falls du ein Smartphone
nimmst, denke daran, deinen Film
im Querformat zu drehen (indem du
es seitwärts hältst). Dadurch füllt das
Bild den ganzen Bildschirm, und es
gibt keine dicken Ränder an den
Seiten, wenn du deinen fertigen
Film schließlich ansiehst.**

Das Drehbuch

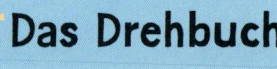

Bei vielen Filmen muss man als Erstes ein Drehbuch schreiben. Ein Drehbuch
legt den Ablauf eines Filmes oder einer Fernsehsendung fest und damit auch
die Dialoge, Regieanweisungen, Aktionen der Figuren und mehr. Bei sieben
der acht Harry-Potter-Filme war Steve Kloves der Drehbuchautor, der aus
J. K. Rowlings Büchern Drehbücher machte.

Bestandteile eines Drehbuchs

Die **Handlungsanweisung** beschreibt, was im Bild passiert.

Die **Szenenüberschrift** liefert eine kurze Beschreibung des Ortes und der Tageszeit der Szene. „INNEN" heißt, dass die Szene in einem Raum spielt, im Gegensatz zu „AUSSEN", das bei Szenen steht, die unter freiem Himmel spielen.

Übe mit den Drehbuchseiten vom Film *Harry Potter und der Gefangene von Askaban*, **die diesem Buch beiliegen, das Lesen einer Szene. Gibt es Unterschiede zwischen dem, was im Drehbuch steht, und dem, was du im Film siehst?**

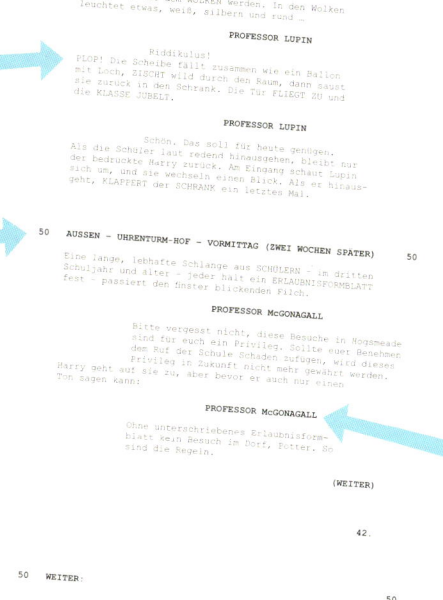

Dialog nennt man die Textzeilen, die von den Schauspielern laut gesprochen werden. Der Name der Figur und der Dialog finden sich mittig auf der Seite, damit die Schauspieler mühelos ihre nächste Zeile erkennen.

Und nun?

Die Aktivitäten in diesem Buch arbeiten am Beispiel konkreter Szenen aus den Harry-Potter-Filmen, damit du üben kannst. Aber du kannst immer kreativ werden und dir ganz eigene Szenen ausdenken oder sogar dein eigenes Drehbuch schreiben. Wenn du nicht sicher bist, wie du dir deine eigene Geschichte ausdenken sollst, hilft die Frage: Was wäre, wenn?

Zum Beispiel:

⭐ Was wäre, wenn ein seltsamer neuer Professor Verteidigung gegen die Dunklen Künste unterrichtet?

⭐ Was wäre, wenn der Sprechende Hut sich bei einem neuen Schüler nicht für ein Haus entscheiden kann?

⭐ Was wäre, wenn ein neuer Hogwarts-Schüler ein Animagus ist?

Die Frage „Was wäre, wenn?" hilft dir, deine Kreativität freizusetzen und dir neue Situationen für deinen Film auszudenken.

EINEN MAGISCHEN FILM DREHEN

Ein Regisseur kümmert sich um alle kreativen Aspekte eines Filmes. Beim Filmdreh hat er das Sagen: Von der Anleitung und Inspiration der Schauspieler, damit sie ihr Bestes geben, bis hin zur Entwicklung der Bildsprache eines Filmes leitet der Regisseur die gesamte Film-Crew, um das zu erschaffen, was du auf der Leinwand sehen kannst.

Bestleistungen herauskitzeln

Mit die wichtigste Aufgabe eines Regisseurs ist die Arbeit mit den Schauspielern, damit sie eine glaubwürdige Vorstellung abliefern. Der Regisseur übt mit den Darstellern und bespricht mit ihnen die Gefühle und Stimmung jeder Szene. Je besser sie die Szene verstehen, desto stärker und glaubwürdiger wird ihre Darbietung.

Bei *Harry Potter und der Gefangene von Askaban* bat der Regisseur Alfonso Cuarón Daniel Radcliffe, Emma Watson und Rupert Grint, als Vorbereitung etwas über ihre Figuren zu schreiben. Daniel schrieb eine Seite über Harry, Emma zehn Seiten über Hermine, und Rupert reichte gar nichts ein. „Ron hätte es nicht gemacht", sagte Rupert zum Regisseur, und der sah es genauso!

CASTING-AUFRUF

Es ist Zeit, deine Schauspieler auszuwählen! Wer wird in deinem Film auftreten? Deine Freunde und Verwandten könnten perfekt passen. Frag doch deine Freunde, Familie und Klassenkameraden, ob sie Interesse hätten, in dcinem Film zu sein. Siehl dein bester Freund mit einer runden Brille aus wie Harry? Ähnelt dein bärtiger Theaterlehrer Hagrid?

Mach dir keine Sorgen, wenn die Schauspieler nicht genauso aussehen wie die Figuren, die sie darstellen sollen – mit etwas Filmmagie verwandelst du einen jungen Freund in den weisen, alten Professor Dumbledore (siehe S. 38 über Kostüme) oder sogar in den Halbriesen Hagrid (siehe S. 13 über Kameraführung). Letztlich ist die Leidenschaft deiner Schauspieler für ihre Rollen mehr wert als körperliche Ähnlichkeit.

Schreib in die Liste unten Leute, die du kennst und für jede Rolle perfekt findest, und warum das so ist.

Harry Potter: _____

Hermine Granger: _____

Ron Weasley: _____

Professor Dumbledore: _____

Rubeus Hagrid: _____

Professor Snape: _____

Andere Figuren: _____

_____

_____

_____

Emma Watson, neun Jahre alt

Es hilft, wenn die Schauspieler einen ähnlichen Charakter haben wie die Figur, die sie darstellen sollen. Tausende Mädchen wollten Hermine spielen, aber Emma Watsons Humor und ihre an Hermine erinnernde Klugheit überzeugten Regisseur Chris Columbus, dass sie für die Rolle perfekt war.

Einstellungsgrößen

Bei den Harry-Potter-Filmen arbeitete jeder Regisseur eng mit einem Kameramann zusammen, um die passende Kameraführung, Beleuchtung und Stimmung zu wählen. In deinem Fall bist wahrscheinlich du der Regisseur, der auch die Kamera führt! Es ist wichtig, die verschiedenen Einstellungsgrößen zu kennen, die es gibt.

Der Kameramann ist beim Film für die Kameraführung zuständig.

Großaufnahme: Bei einer Großaufnahme füllt vor allem der Kopf der Figur das Bild. Großaufnahmen helfen, Gefühle zu betonen, wie bei diesem Bild aus *Harry Potter und der Stein der Weisen*, in dem Harry grübelt.

Nahaufnahme: Das sind die häufigsten Einstellungen, bei denen man gut zeigen kann, wie Figuren Dialoge führen. In diesem Beispiel unterhalten sich Harry, Ron und Hermine, und wir sehen, wo sie sind. In einer anderen Einstellung dieser Art kann die Kamera einer Figur auch über die Schulter schauen.

Totale: Diese Einstellung verschafft dem Zuschauer einen Überblick und zeigt ihm, wo alles stattfindet. In den Harry-Potter-Filmen nutzt der Regisseur oft eine Totale, um uns ins Gedächtnis zu rufen, dass wir uns in der magischen Welt befinden. Manchmal werden wir mit einer Totale auch daran erinnert, wie das Größenverhältnis der Darsteller ist. Totalen zeigten zum Beispiel, wie Hagrid über den Hogwarts-Schülern aufragt.

Detail: Detailaufnahmen sollte man nur spärlich einsetzen. Sie eignen sich für intensive Momente oder wichtige Einzelheiten wie etwa Harrys Narbe.

Kameraperspektive

Die Kameraperspektive kann Gefühle der Stärke, Schwäche oder Verwirrung vermitteln. Eine Aufsicht (von oben) auf Harry aus Hagrids Perspektive betont die Kraft und Größe des Halbriesen.

Eine Untersicht (von unten), die zu Voldemort aufblickt, betont die Macht und Bedrohlichkeit dieses Bösewichts.

Eine Schrägsicht, bei der die Kamera nicht ganz gerade ist, kann für ein unbeholfenes oder gehetztes Gefühl sorgen.

Und Action!

DIE DRITTEL-REGEL

Ein Trick, um deine Aufnahmen gut aussehen zu lassen, ist die Drittel-Regel. Nimm dir ein Bild aus den Harry-Potter-Filmen, das du richtig gut findest. Jetzt teile es erst längs in Drittel, dann horizontal. Dadurch bekommst du neun gleiche Rechtecke. Anstatt das, worauf du die Aufmerksamkeit legen willst, genau in die Mitte des Bildes zu nehmen, hilft es, wenn es auf einer der Linien liegt (siehe Beispiel unten).

Wenn dein Schauspieler zum Beispiel mit einem weiteren Darsteller rechts von ihm spricht, sollte noch etwas Platz im Bild bleiben. Steht der Schauspieler genau in der Bildmitte, kann das langweilig und statisch wirken.

Probier das mit einigen von deinen Lieblingsbildern aus den Harry-Potter-Filmen aus. Wie wirkt die Drittel-Regel in diesen Aufnahmen? Überlege dir auch gleich noch, ob die Bilder, die du betrachtest, Großaufnahmen, Nahaufnahmen oder Totalen sind.

EIN STORYBOARD ZEICHNEN

Wenn du sehen willst, wie dein Film aussieht, bevor du die Kamera zur Hand nimmst, musst du ein Storyboard erstellen. Ein Storyboard macht aus deinen Worten und Plänen anschauliche Bilder, denen du später folgen kannst, wenn es Zeit ist, deinen Film zu drehen.

Storyboards ähneln Comics. Jedes einzelne Bild erzählt genau wie in einem Comic die Geschichte durch eine Zeichnung, die dir zeigt, was du für jede Einstellung brauchst: Wie viele Schauspieler, was für eine Einstellungsgröße, welche Requisiten oder Spezialeffekte.

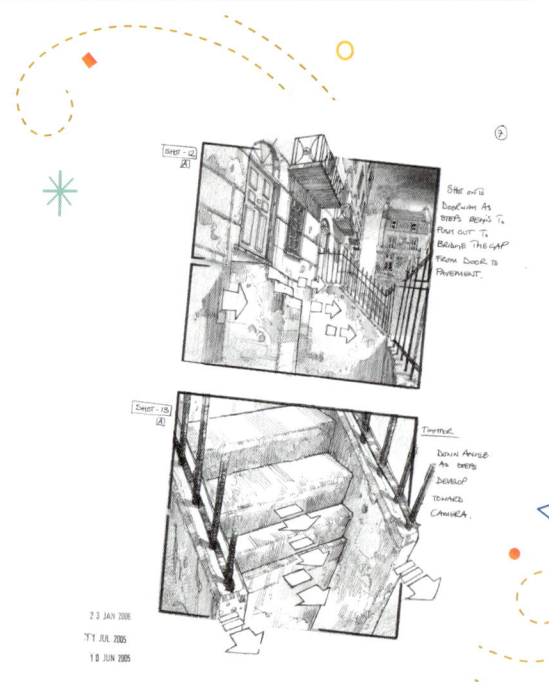

Elemente vom Storyboard

In *Harry Potter und der Orden des Phönix* wird Harry Potter vom Orden des Phönix zum Grimmauldplatz Nr. 12 gebracht. In den Storyboards für diese Szene (auf der Seite gegenüber) siehst du, wie sehr sie an Comicbilder erinnern. Der Zeichner zeigt, wie wir uns von einer Großaufnahme des zaubernden „Mad-Eye" Moody zu Harry bewegen, der klein und ehrfürchtig neben ihm steht, mit den anderen Ordensmitgliedern im Hintergrund.

Du siehst auch, welche Perspektiven, Einstellungsgrößen und Einzelbilder ausgewählt wurden – sogar die Stimmung und Energie sind spürbar.

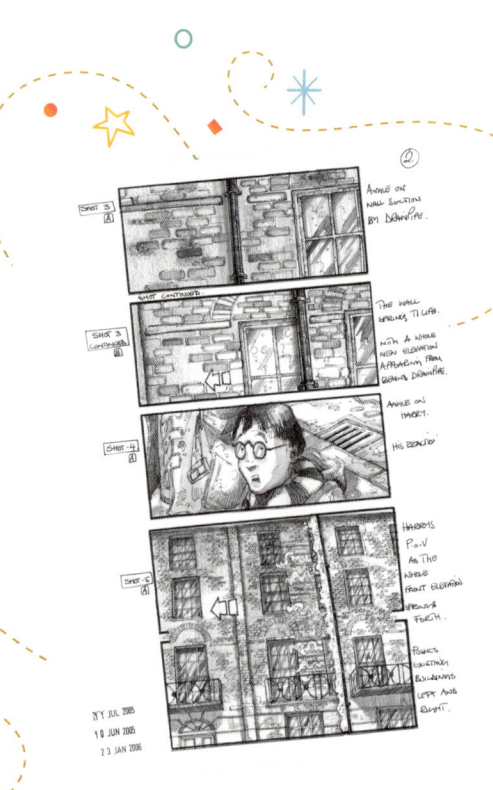

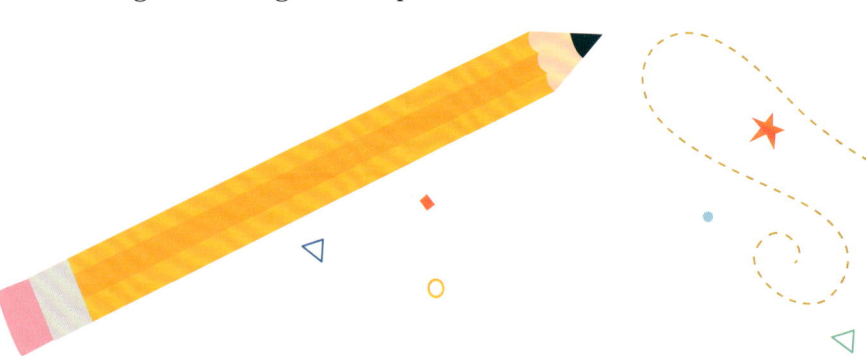

Jedes Storyboard-Einzelbild zeigt eine Einstellung im Film.

Im Storyboard zeigen Pfeile die Bewegungsrichtung der Schauspieler oder sogar der Kamera. Dieser Pfeil deutet an, wie die Kamera sich langsam zur Vorderseite des Gebäudes bewegen wird.

Die nummerierten Einzelbilder (Frames) zeigen den Szenenverlauf.

Unter die Bilder oder an die Seite der Einzelbilder im Storyboard schreibt man manchmal den Dialog, was sonst in dieser Einstellung stattfindet oder technische Notizen für den Dreh.

MACH EINE LISTE DER EINSTELLUNGEN

Vor dem Zeichnen eines Storyboards hilft oft eine einfache Liste mit deinen Einstellungen. Eine solche „Shot-Liste" lässt sich so mühelos erstellen wie eine To-Do-Liste. Man schreibt einfach die Reihenfolge der Einstellungen auf und beschreibt jede kurz. Zum Beispiel: „1) Großaufnahme von Harry" oder „2) Kamera folgt Harry, Ron und Hermine durch die Winkelgasse".

In *Harry Potter und der Gefangene von Askaban* unterrichtet Professor Lupin in Verteidigung gegen die Dunklen Künste, wie man einen Irrwicht abwehrt, indem man den *Riddikulus*-Zauber spricht. Neville Longbottom macht damit aus dem streng blickenden Professor Snape einen verwirrten Snape in Oma-Klamotten. Wie würdest du den Dreh dieser Szene planen?

Schreibe eine Liste der Einstellungen, die du brauchst.

1. Großaufnahme von Neville, besorgt.

2. Schnitt zum Irrwicht-Schrank, der sich öffnet.

3. Großaufnahme der Hand, die die Tür von innen öffnet.

4. _____

5. _____

6. _____

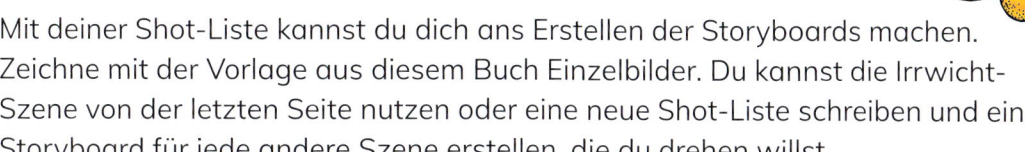

ERSTELLE DEIN STORYBOARD

Mit deiner Shot-Liste kannst du dich ans Erstellen der Storyboards machen. Zeichne mit der Vorlage aus diesem Buch Einzelbilder. Du kannst die Irrwicht-Szene von der letzten Seite nutzen oder eine neue Shot-Liste schreiben und ein Storyboard für jede andere Szene erstellen, die du drehen willst.

Falls du eine Szene aus einem der Harry-Potter-Filme nachmachen willst, überlege dir Möglichkeiten, wie du sie anders drehen könntest, denn nun sitzt du auf dem Regiestuhl. Bei einer Quidditch-Szene könntest du mit einer Groß-aufnahme des goldenen Schnatz beginnen und dann zu einer Großaufnahme von Harry schneiden, der ihn verzweifelt fangen möchte. Sei kreativ!

Szene: 1

1.	2.	3.

Man muss kein Künstler sein

Stell dir das Storyboard als ein Planungswerkzeug vor. Für jeden Harry-Potter-Film setzte sich der Regisseur mit einem Storyboard-Zeichner zusammen, um jede Szene zu planen. Du musst dafür kein Künstler sein. Du kannst auch Strichmännchen nehmen – aber vergiss nicht, bei Harry zwei Kreise als Brille zu zeichnen!

Wenn du deinen Film drehst, wirst du Hilfe von Freunden und Familien-mitgliedern brauchen. Aber das Schöne an Storyboards ist, dass du sie ganz alleine erstellen kannst und auf niemanden warten musst. Wenn du damit fertig bist, kannst du deiner Crew dein Storyboard zeigen, damit sie sehen, was du dir vorstellst, und auch eigene Vorschläge einbringen können.

MAGISCHE ORTE: SZENENBILD

Für den optischen Gesamteindruck der Harry-Potter-Filme war der Produktionsdesigner verantwortlich. Dazu gehören auch die Ausstattung und die Wahl der Drehorte. Er arbeitet eng mit dem Regisseur, Produzenten und allen anderen zusammen, die für die Gestaltung der Filmwelt zuständig sind, etwa Kostüm-, Maskenbildnern und Requisite. Da hat man viel zu tun!

Produktionsdesigner Stuart Craigs Skizze von Schloss Hogwarts für *Harry Potter und der Stein der Weisen*

Drehortsuche

Als Produktionsdesigner deines Filmes musst du zunächst entscheiden, wo du drehen willst. Wenn du ein kleines Budget hast, ist es leichter, einen geeigneten Platz zu suchen, als aus dem Nichts ein Filmset aufzubauen. Denke an die Orte, die dir zur Verfügung stehen, um deinen Film zu drehen. Funktioniert der Park? Wie sieht es mit Zimmern in deiner Wohnung aus – oder bei deinen Freunden? Was ist mit der Schule oder Kirche? Denke daran: Frage immer nach, ob du deinen Film irgendwo drehen darfst.

Bei *Harry Potter und der Stein der Weisen* wurden viele Szenen in Christ Church gedreht, einem College in Oxford, England. Auch die Kathedrale von Durham, Burg Alnwick und andere alte Gebäude in Großbritannien wurden genutzt. Hogwarts ist eine alte Schule – sie wurde vor über tausend Jahren gegründet – daher könnte eine alte Kirche oder Schule perfekt sein, um deinen Hogwartsfilm zu drehen.

Die Große Halle

Die eindrucksvolle Große Halle ist einer der beliebtesten und berühmtesten Schauplätze in Hogwarts. Dort finden nicht nur Feste, Auswahlzeremonien und der Weihnachtsball statt, sondern dort gehen die Schüler von Hogwarts auch ihrem Alltag nach: Lernen, Post aus der Heimat bekommen und sich mit Freunden unterhalten. Als zentraler Ort scheint sie unverzichtbar für einen Harry-Potter-Film.

Das Set der Großen Halle war riesig – zwölf Meter breit und 36 Meter lang. Vermutlich steht dir kein so großer Ort zum Filmen zur Verfügung. Drehe in deiner Schul-Cafeteria oder an einem Picknick-Tisch. Mache Großaufnahmen und Nahaufnahmen, damit den Zuschauern nicht auffällt, dass der Raum kleiner ist.

Set ausstatten

Der Requisiteur kauft, mietet oder baut alle Möbel und andere Gegenstände, die ein Set füllen, ob es nun Vorhänge, Lampen oder eine Tafel für ein Klassenzimmer sind. Wenn du dein Set entwirfst, sorge dafür, dass die Gegenstände wirken, als würden sie dorthin gehören. Du möchtest dir ja nicht von einem brandneuen Toaster im Hintergrund die Stimmung der Großen Halle vermasseln lassen.

VERTEIDIGUNG GEGEN DIE DUNKLEN KÜNSTE

Bei Verteidigung gegen die Dunklen Künste lernen die Schüler in Hogwarts alles über Kreaturen, Zauber und Flüche, und wie man dunkle Mächte abwehrt. Während Harry Potters Zeit auf Hogwarts hatte die Schule Schwierigkeiten, in diesem Fach einen Lehrer an der Schule zu halten. Jedes Jahr kam ein neuer, und bei jedem Lehrer sah das Klassenzimmer völlig anders aus.

Professor Lockhart ist eitel und selbstbewusst, daher war sein Klassenzimmer mit seinen Autobiografien bestückt – und sogar mit einem Porträt, das ihn beim Malen seines Selbstporträts zeigt.

Professor Lupins Klassenzimmer zeigte Gegenstände, die aussehen sollten, als hätte er sie von seinen Reisen mitgebracht.

Professor Moodys Klassenzimmer war von seinem „irren Auge" inspiriert – überall waren riesige Linsen!

Stell dir vor, es gäbe einen neuen Professor in Verteidigung gegen die Dunklen Künste in Hogwarts.
Wie ist er oder sie? Streng oder locker? Überlege dir, auf welche Magie er oder sie spezialisiert sein könnte. Was hätte ein Magizoologe (ein Spezialist für magische Tierwesen) im Klassenzimmer? Was sagen diese Dinge über den Charakter des Lehrers aus?

Hast du einen Lieblingslehrer an der Schule? Stell dir sein Klassenzimmer vor, wenn er Verteidigung gegen die Dunklen Künste unterrichten würde.

Sobald du deinen neuen Unterricht in diesem Fach geplant hast, schau dich bei dir zu Hause nach guten Klassenzimmer-Requisiten um.

Zwei Welten

In den Harry-Potter-Filmen wirkt die magische Welt ganz anders als das London der Muggel oder der Liguster-weg Nr. 4, wo Harry aufwuchs. Bei *Harry Potter und der Stein der Weisen* stellte der Produktionsdesigner sicher, dass jedes Haus im Ligusterweg genauso aussah wie das daneben. Der alltägliche Anblick des Ligusterwegs lässt Hogwarts noch unglaublicher wirken, wenn wir es dann sehen. Denke darüber nach, wie du sowohl die Muggel-welt als auch Hogwarts in deinem Film zeigen kannst. Du kannst die Szenen, die in der Muggelwelt spielen, daheim drehen, aber für eine Szene in Hogwarts solltest du einen besonderen Schauplatz auftreiben.

Im Fokus: Der verbotene Wald

Gleich hinter den Ländereien von Hogwarts liegt der Verbotene Wald, der, wie du am Namen vermutlich errätst, für Hogwarts-Schüler streng verboten ist. Im Wald leben Zentauren, Einhörner, Thestrale und Acromantulas. Aber obwohl er verboten ist, kommt es dort zu einigen der zauberhaftesten Momente der Harry-Potter-Filme.

Beim ersten Harry-Potter-Film wurden die Szenen, die im Verbotenen Wald spielen, in einem echten Wald in England gedreht. Aber später entstanden die meisten Waldszenen in einem eigens entworfenen Set. Dort konnte man alles größer gestalten, als man es normalerweise in der Natur vorfindet. Von den Baumstämmen bis hin zu den Wurzeln und den Spinnweben wurde im Studio alles riesig, wodurch der Wald besonders gruselig und eindrucksvoll wirkt.

Du musst dir kein Set für den Verbotenen Wald bauen. Gibt es einen Wald oder Park mit Bäumen, die dir als Verbotener Wald dienen könnten? Wenn du mit den Kameraperspektiven spielst, funktioniert sogar eine kleine Baumgruppe.

Magie in Modellen

Es wäre ein riesiger, unvernünftiger Aufwand gewesen, ein echtes Schloss für die Hogwarts-Figuren zu bauen, und der Produktionsdesigner wollte kein historisches Schloss nehmen, das den Zuschauern bekannt sein könnte. Daher entwarf er ein eigenes Schloss, das es nur in der magischen Welt von Harry Potter gab – und baute es als verkleinertes Modell nach.

Das Modell von Hogwarts' Doppeltürmen wurde in allen acht Filmen für viele Totalen genutzt. Ein Modell mit so viel Bedeutung musste enorm detailliert sein, bis hin zu den Scharnieren und der Abnutzung der Steine. Aus allen Perspektiven und Bildausschnitten musste das Modell Echtheit ausstrahlen.

Anhand dieses Modells konnte die Kamera in *Harry Potter und die Kammer des Schreckens* vom Buntglas-Mosaikfenster der Großen Halle zurückfahren, um den atemberaubenden Anblick des Schlosses Hogwarts zu enthüllen.

BAUE DAS SCHLOSS

Falls du dein eigenes Schloss basteln willst, woraus würdest du es bauen? Gips, Küchenrollen, Pappe oder vielleicht sogar Balsaholz (ein leichtes, weiches Holz, aus dem manche Flugzeugmodelle sind) eignen sich gut.

Du kannst dir aus diesen Materialien ein Schloss bauen, das du dann mit Gips oder Ton überziehst. Schnitze dann Steine oder Ziegel in den Gips und ergänze weitere Einzelheiten. Acrylfarben trocknen schnell und eignen sich gut, um dein Schloss zu bemalen. Nimm auf jeden Fall Erdfarben wie Braun und Grün, dazu noch Grau, passend zu einem alten Schloss. Meide leuchtende Farben wie Blau und Gelb – gedämpfte Farben lassen dein Schloss realistisch wirken. Falls du ein Schloss im Comic-Stil entwirfst, könntest du helle Farben wie Himmelblau, leuchtendes Gelb oder knalliges Rot nehmen.

MIT MODELLEN SPIELEN

Hast du Miniaturen oder Modelle, die du zum Üben nehmen kannst? Filme ein Puppenhaus oder eine Modelleisenbahn so, als wären sie lebensgroß.

Suche dir ein Modellauto, das den fliegenden Ford Anglia der Weasleys darstellt. Bringe die Kamera nach unten auf die Ebene des Modells und gehe ganz nah ran. Spiele mit dem Fokus, dem Hintergrund und der Perspektive und versuche deinen Freunden vorzumachen, es wäre ein normal großes Auto.

MAGISCHE GEGENSTÄNDE: REQUISITEN

Die magische Welt ist voller seltsamer und spannender Artefakte von Zauberstäben über Rennbesen bis hin zum Sprechenden Hut oder dem Schwert von Gryffindor. Der Requisiteur hat die Aufgabe, diese fantastischen Gegenstände auf der Leinwand zum Leben zu erwecken.

Requisiteure bauen Gegenstände, Requisiten genannt, die die Schauspieler beim Dreh benutzen. Für die Harry-Potter-Filme fertigten sie zahlreiche Dinge an, etwa persönliche Zauberstäbe, den Pokal des Trimagischen Turniers und Dumbledores Vitrine der Erinnerungen.

Beispiele

Requisiten gibt es in allen Größen und Formen – vom kleinen Schmuckstück wie Hermines Zeitumkehrer bis hin zum Verschwindekabinett und den dreieinhalb Meter hohen Figuren beim Zauberschach.

Requisiten sind Gegenstände, mit denen deine Schauspieler in Interaktion treten können, etwa ein Zauberstab oder Buch, und die nicht Teil des Kostüms sind. Um herauszufinden, ob es eine Requisite ist, frage dich: Gehört es dem Schauspieler, nutzt er es, tritt er damit in Interaktion oder ist es auf andere Weise aktiv an seiner Szene beteiligt?

Das unterscheidet Requisiten von anderen Ausstattungsgegenständen wie einer Blumenvase oder einem Tisch in der Zimmerecke. Sollten sich wie im Pub Zum Tropfenden Kessel in *Harry Potter und der Gefangene von Askaban* die Stühle abends magisch selbst aufräumen, damit gefegt werden kann, dann sind diese Stühle in dieser Szene Requisiten.

SCHREIBE EINE REQUISITENLISTE

Denke nach, welche Requisiten für deine Szene wichtig sind, und schreibe eine Liste. Wie viele Figuren brauchen Zauberstäbe? Was ist mit Rennbesen?

Beim Filmen der Irrwicht-Stunde in Verteidigung gegen die Dunklen Künste brauchst du zum Beispiel mindestens zwei Zauberstäbe und einen Schrank, aus dem dein Irrwicht kommen kann.

Schreibe eine Liste der Requisiten, die du brauchst.

1. _____

2. _____

3. _____

4. _____

5. _____

6. _____

7. _____

8. _____

Zaubern

Das wichtigste Requisit für einen Film in der magischen Welt ist natürlich ein Zauberstab! Mit einem Zauberstab kanalisiert der Zauberer oder die Hexe ihre magischen Kräfte. Ohne Stab ist das Zaubern sehr viel schwieriger.

In der magischen Welt sind keine zwei Zauberstäbe gleich. Der Stab sucht sich seine Hexe oder seinen Zauberer aus. Wegen dieser speziellen Beziehung zwischen Stab und Anwender sollten die Requisiteure jeden Zauberstab passend zur Figur entwerfen.

Zauberstabmacher

Bei den Harry-Potter-Filmen begann die Gestaltung der Zauberstäbe mit den Konzeptzeichnern, die eine Vielzahl unterschiedlicher Entwürfe skizzierten. Beim Zeichnen behielten die Künstler im Kopf, welche Figur den Stab nutzen würde, und sie versuchten etwas von deren Persönlichkeit einzufangen. Zum Beispiel wirkt Lord Voldemorts Stab böse – als wäre er aus einem Menschenknochen geschnitzt, und sogar der Griff ist eine fiese Klaue.

Harry Potters Stab sieht dagegen natürlich aus, als wäre er aus dem Ast eines alten Baumes geschnitzt. Hermines Zauberstab wirkt einfach, aber anmutig: Eine Ranke windet sich an der Seite des Stabes empor.

Sobald die Filmemacher einen Stab-Entwurf festgelegt hatten, wurde eine Vorlage aus einem 30–40 cm langen Holzstück gefertigt. Die Requisiteure suchten nach einzigartigen Hölzern, deren interessante Oberflächen sie nutzen konnten. Sobald der Zauberstab fertig war, wurde eine Abdruckform angefertigt, damit die Requisiteure ihn aus einem ungefährlichen Material wie Kunstharz nachbauen und Kopien anfertigen konnten, falls der Stab kaputtging oder sie zusätzliche Exemplare brauchten.

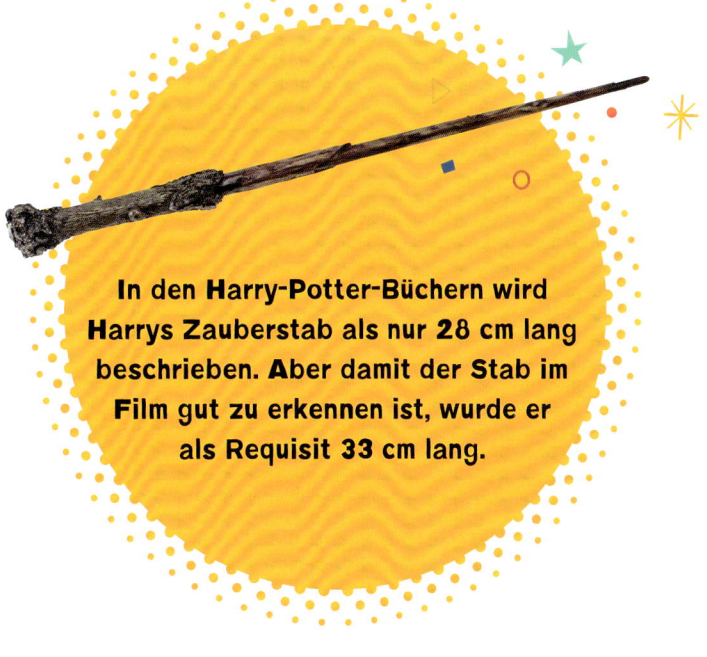

In den Harry-Potter-Büchern wird Harrys Zauberstab als nur 28 cm lang beschrieben. Aber damit der Stab im Film gut zu erkennen ist, wurde er als Requisit 33 cm lang.

ZAUBERSTÄBE LEICHT GEBAUT

Denke an die Hauptfigur deiner Szene. Welche Merkmale ihrer Persönlichkeit könntest du im Entwurf des Zauberstabs festhalten? Wenn sie schüchtern ist, fertige vielleicht einen einfacheren Stab an. Ist deine Figur ein Animagus (ein Zauberer, der sich in ein bestimmtes Tier verwandeln kann), schnitze vielleicht sein Tier in den Griff. Skizziere das Aussehen des Stabes und mach dir Notizen. Sobald der Entwurf steht, ist es Zeit, ihn dir zu basteln.

Du brauchst:
- **Zwei Holz-Essstäbchen**
- **Lufttrocknende Modelliermasse**
- **Büroklammer**
- **Bastelfarbe (Acryl)**
- **Pinsel**

2 Lege ein Stück Modelliermasse um das dicke Ende eines Essstäbchens. Es sollte etwa in der Mitte anfangen und dann um das Ende herum einen runden Griff bilden.

1 Du kannst dir einen bekannten Zauberstab aussuchen oder dir selbst einen ausdenken.

3 Forme und glätte mit dem Ende des zweiten Stäbchens die Masse.

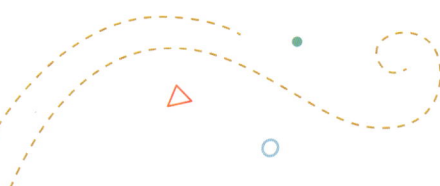

4 Biege ein Ende der Büroklammer auf.

5 Mit dem offenen Ende der Büroklammer und der Spitze des zweiten Essstäbchens gestaltest du die Oberfläche. Ziehe Linien mit der Büroklammer (Holzmaserung) oder stich mit der Klammer oder dem Stäbchen in die Masse (Narben).

6 Lege den Stab auf eine glatte, trockene Fläche wie Wachspapier. Lass ihn 24 Stunden trocknen.

7 Bemale den Zauberstab – Modelliermasse und Essstäbchen – einfarbig.

Mehr magische Objekte

Es gibt in den Harry-Potter-Filmen so viele magische Objekte, dass es schwierig wird, dir nur ein paar für deinen Film auszusuchen. Auf den nächsten Seiten sind Ideen, wie du dir Requisiten von magischen Gegenständen anfertigst. Du kannst jederzeit kreativ werden und improvisieren.

Überlege immer, wie du etwas einfacher machen oder durch alltägliche Gegenstände ersetzen kannst, die du zu Hause hast. Vielleicht funktioniert ein alter Pokal oder Kessel als Feuerkelch oder Hermines Zeitumkehrer lässt sich aus einem Kompass oder einer Taschenuhr an einer Kette improvisieren.

Bleibe stilgetreu

Der Requisiteur steht vor der Herausforderung, dass das Aussehen und die Wirkung aller Requisiten zur Optik des Filmes passen müssen – in unserem Fall heißt das, die Requisiten müssen wirken, als könnten sie aus der magischen Welt stammen. Suche dir für deinen Film Gegenstände, die alt und unpassend wirken. Meide Dinge, auf denen man den Markennamen erkennt. Wenn die Gegenstände wirklich alt sind, bitte um Erlaubnis, bevor du sie in deinem Film verwendest.

Besenbau

Besen sind eine Art, auf die Hexen und Zauberer sich durch die magische Welt bewegen. Auch im Spiel Quidditch sind sie äußerst wichtig. Falls in deinem Film Besen vorkommen, kannst du einen normalen Reisigbesen mit ein paar Anpassungen nehmen. Hole dir die Erlaubnis, den Besen deiner Eltern zu benutzen, und füge Fußstützen und ein Nimbus-2000-Schild am oberen Ende des Stiels an. Und fertig ist dein Besen für seinen Auftritt!

Harry freute sich sehr über seinen Nimbus 2000, den er in *Harry Potter und der Stein der Weisen* von Professor McGonagall erhielt.

Und Action!

MACH EIN BILD AUS DIR

Rund um das große Treppenhaus von Hogwarts hängen Dutzende bewegliche Porträts. Die Fette Dame, die den Eingang zum Gryffindor-Turm bewacht, ist für Harrys Geschichte besonders wichtig.

Um ein bewegliches Porträt anzufertigen, suche dir einen alten Bilderrahmen oder ein altes gerahmtes Gemälde, das zu Hause herumliegt, oder hole dir eins auf dem Flohmarkt. Nimm das Bild heraus (wenn es deiner Familie gehört, hole dir erst die Erlaubnis). Dann stelle einen deiner Freunde hinter den Rahmen, um so zu tun, als wäre er das Porträt. Lass ihn erst in einer Pose starr dastehen und dann vor der Kamera lebendig werden.

Nicht alle Porträts in den Harry-Potter-Filmen bewegen sich. Es wurden über zweihundert Bilder extra für das große Treppenhaus, das Büro des Schulleiters und andere Bereiche angefertigt. Wenn du keine Bilder mehr findest, kannst du ein paar neue Kunstwerke von dir in den Hintergrund einfügen.

LIES NICHT NUR EIN BUCH – MACH EINS!

Das Monsterbuch der Monster

Lesestoff für Hagrids Unterricht in Pflege magischer Geschöpfe ist das wilde Lehrbuch *Das Monsterbuch der Monster*, das dich beißt, falls du es nicht beruhigst, bevor du es öffnest. Im Film erwachte das Buch durch eine Mischung aus Marionettenspiel und ferngesteuerten Hilfsmotoren, die die Augen bewegten und die wilden Bewegungen steuerten, „zum Leben".

   Um das Buch als Requisit zu basteln, suche dir das dickste Buch, das du im Haus hast, hole dir die Erlaubnis, es zu verändern, und bereite dich darauf vor, es in ein Monster zu verwandeln.

   Suche dir als Erstes ein flauschiges oder felliges Material, das du zu Hause hast, oder kaufe dir im Stoffladen Plüsch. Beklebe die Vorder- und Rückseite des Buches mit dem Fell.

   Hast du eine alte Puppe, die keiner mehr will, kannst du deren Augen nehmen und sie auf dein Monsterbuch kleben. Oder du kaufst Kulleraugen im Bastelladen. Fertige ein paar scharfe Zähne aus Karton, die du innen am vorderen und hinteren Buchdeckel anbringst. Am vorderen Deckel befestigst du ein Stück schwarzen Faden. Damit kannst du dein Monsterbuch wie eine Marionette steuern und es lebendig werden und nach deinen Schauspielern schnappen lassen.

Zaubertränke für Fortgeschrittene

In *Harry Potter und der Halbblutprinz* findet Harry Potter hilfreiche Anmerkungen in einer alten Ausgabe seines Lehrbuchs. Du kannst den Einband von *Zaubertränke für Fortgeschrittene* nutzen, der diesem Buch beiliegt, um deine Requisiten-Version des Buches zu basteln. Suche dir ein Buch, das ähnlich groß ist, etwa 13×20 cm, und lege den Einband um das Buch. Biege die Ecken um, damit der Einband hält.

VERSCHWINDE IM KABINETT

Zwei Verschwindekabinette verbinden zwei voneinander unabhängige Orte. Stellt man jemanden oder etwas in ein Kabinett, taucht er oder es im anderen wieder auf.

Malfoy nutzt ein Verschwindekabinett, um einen Vogel von Borgin & Burkes in der Nokturngasse zum Raum der Wünsche in Hogwarts zu transportieren. Später dient das Kabinett dazu, die Todesser ins Schloss zu schmuggeln.

Findest du einen alten Schrank oder Schreibtisch als Verschwindekabinett? Lege etwas Kleines in den Schrank oder eine Schublade. Wechsle zu einer neuen Perspektive, nachdem du es entfernt hast. Greift dein Schauspieler nun in den Schrank ... ist der Gegenstand verschwunden!

Unsichtbarkeitsumhang

Harry versteckt sich damit – und manchmal auch Ron und Hermine. Daher könnte man den Unsichtbarkeitsumhang für ein Kostüm halten. Er ist aber ein Requisit, denn in den Filmen wird er als Hilfsmittel genutzt, nicht als Teil der Garderobe, die Aussehen und Stil eines Schauspielers unterstreicht. Falls du den Umhang in deinem Film einsetzen willst, kannst du vielleicht einen großen Mantel nutzen, der über den Schultern deines Schauspielers liegt, oder einen Bettbezug. Schau dir auf S. 54 „Zaubersprüche und Flüche: Spezialeffekte" an, um zu erfahren, wie du den Umhang unsichtbar machst.

Zaubertränke ohne Ende

Die vielen Zaubertränke, die die Professoren Moody, Snape und Slughorn einbringen, werden als Requisiten betrachtet – nicht nur wegen der Glasflaschen und Phiolen, sondern wegen ihres Inhalts.

Der Trank, auf den Professor Moody (eigentlich Barty Crouch jr.) in *Harry Potter und der Feuerkelch* angewiesen war, gehörte fest zu seinem Charakter. Der Moody-Betrüger musste stets sicherstellen, dass er seinen Vielsafttrank regelmäßig einnahm, damit dessen Wirkung nicht nachlässt und seine wahre Identität preisgibt. Daher nippte er immer wieder an seiner Flasche.

Der Liebestrank, den Ron unwissend zu sich nimmt, als er für Harry gedachte Kekse isst, versetzt ihn in *Harry Potter und der Halbblutprinz* in einen heftigen Liebestaumel. Was für Zaubertränke erfindest du? Welche Zutaten nimmst du, um sie in interessanten Farben zu gestalten? Nutze dafür nur echte Säfte oder farbige Getränke, die man gefahrlos verzehren kann – besonders, wenn deine Schauspieler sie tatsächlich trinken sollen!

Und Action!

TRINKE DEINEN TRANK

Wenn die Mimik deiner Schauspieler überzeugen soll, sobald sie den Trank im Film zu sich nehmen, lege fest, ob es ein leckerer Zaubertrank wird oder einer, den man nur schwer runterkriegt. Soll es gut schmecken, nimm Saft oder bunte Limonaden. Für die ekligen Tränke löse ein bisschen Chilisauce oder Worcestershire-Sauce in Wasser auf, und die Schauspieler werden garantiert erschaudern.

Kostüme sind die Kleider, die ein Schauspieler trägt, um die Figur darzustellen. Beim Film sind Kostümbildner dafür verantwortlich, die Kleider und Accessoires jeder Figur zu skizzieren, die Schauspieler zu vermessen und die Kostüme zu kaufen, zu mieten oder anzufertigen. Ob nun die Hogwarts-Schülerroben, die Erbstücke der Weasleys oder Professor Dumbledores Quastenhut, die Garderobe der Harry-Potter-Filme macht ihre Welt erst richtig glaubwürdig.

Kleider machen Figuren

Die Garderobe einer Figur sollte ihren Charakter widerspiegeln. Professor Lockhart ist ein Promi, der will, dass alle ihn für perfekt halten. Seine Kleidung drückt sein riesiges Ego aus. Lockharts Kleider sind stets makellos, sauber, gebügelt und liegen eng an. Falls Lockhart in deinem Film auftritt, sollte er sich kleiden wie ein König.

Professor Umbridges Garderobe drückt ihren Charakter auf andere Weise aus. Dolores Umbridge verbirgt ihre verklemmte Persönlichkeit hinter einem Lächeln und einer hohen Stimme. Ihre spießigen Kleider betonen den Widerspruch zwischen ihrem Aussehen und ihrem Verhalten. Obwohl sie immer in sanften Rosatönen gekleidet ist, endet ihr Kragen gleich unter dem Kinn, um ihre Strenge anzudeuten.

Prof Umbridge

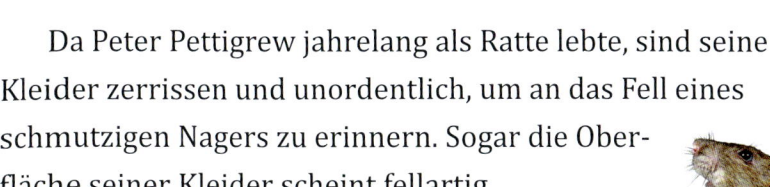

Da Peter Pettigrew jahrelang als Ratte lebte, sind seine Kleider zerrissen und unordentlich, um an das Fell eines schmutzigen Nagers zu erinnern. Sogar die Oberfläche seiner Kleider scheint fellartig.

Denke auch an andere Figuren aus den Harry-Potter-Filmen und die Art, wie ihre Kostüme ihren Charakter oder ihre Vorgeschichte ausdrücken.

Kostümwechsel

Kostümwechsel tragen dazu bei, Veränderungen zu vermitteln, die eine Figur erlebt. In *Harry Potter und der Halbblutprinz* trägt Draco Malfoy nicht mehr seine Hogwarts-Roben zur Schule, sondern einen eng sitzenden schwarzen Anzug. Die Kostümbildner steckten Malfoy in den Anzug, um zu zeigen, dass er wie sein Vater ein Todesser geworden war. Er sah sich nicht mehr als Schüler, daher passte die Robe nicht mehr zu seinem Charakter.

Für *Harry Potter und der Stein der Weisen* schufen die Kostümbildner eine Schuluniform für Hogwarts. Jungen tragen graue Flanellhosen, Mädchen graue Flanellröcke und beide weiße Hemden mit Hauskrawatte. Manchmal tragen die Schüler auch eine Weste oder einen Pullover in den Farben ihres Hauses. Am wichtigsten sind jedoch die schwarzen Schülerroben mit dem Hauswappen und einer kleinen Tasche für den Zauberstab. Obwohl viele Kinder keine Uniformen mögen, sagte Daniel Radcliffe, dass seine Robe so bequem war wie ein Schlafanzug. Er beschwerte sich lediglich, dass es darunter etwas warm wurde, wenn sie in der Großen Halle drehten, wo oft Feuer in den Kaminen war.

Hufflepuff

Slytherin

Ravenclaw

Gryffindor
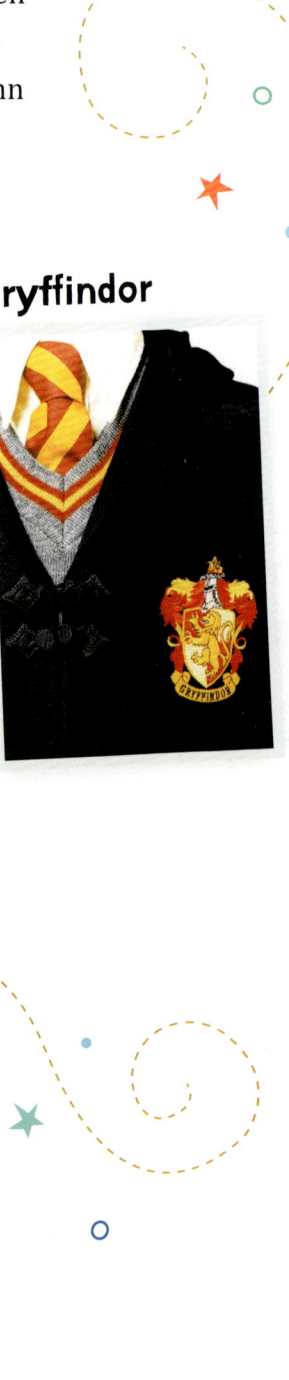

BASTLE DEINE UNIFORM

Was werden die Hogwarts-Schüler in deinem Harry-Potter-Film tragen? Du kannst eine einfache Version der Hogwarts-Roben basteln, indem du ein schwarzes T-Shirt in Übergröße vorne in der Mitte nach unten aufschneidest, bis ein Kragen entsteht. Klebe vorne als Hauswappen einen Aufkleber auf oder nutze, falls deine Eltern da sind, um dir zu helfen, das Hogwarts-Wappen zum Aufbügeln aus diesem Buch. Und schon hast du deine Robe!

Du kannst aber auch kreativ rangehen, wenn du die Kleidung entwirfst, die deine Hogwarts-Schüler tragen sollen. So wie Harry, Ron und Hermine Muggelkleidung tragen, wenn die Filmreihe voranschreitet, kannst auch du deine Schüler alltäglich kleiden. Vielleicht tragen die Schüler in deinem Film Jeans mit T-Shirts in ihren Hausfarben.

Schauspieler kleiden

Überlege dir genau, was die Darsteller in deinem Film oder deiner Szene anhaben. Sind die Figuren junge Hogwarts-Schüler, die noch ihre Hogwarts-Roben tragen, oder ältere Schüler, denen Muggel-kleidung lieber ist? Vielleicht ist eine deiner Figuren ein wenig … anders als die anderen wie Luna Lovegood, die immer ihren eigenen Stil hat, oder vielleicht ist eine deiner Figuren reich und hat die feinsten Klamotten der Schule. Denke darüber nach, wie du den Charakter deiner Figuren durch die Kleider der Schauspieler ausdrücken kannst.

Luna

Kleidung für Lacher

Kostüme können auch aus Humor-gründen eingesetzt werden. Ron erhält viele Erbstücke seiner Familie, zum Beispiel in *Harry Potter und der Feuerkelch* für den Weihnachtsball. Es sieht aus wie ein Kleid von Rons Tante Tessie. Ron wirkt darin lächerlich, und die anderen Schüler werfen ihm schräge Blicke zu, wenn er vorbeischleicht.

Ron Weasley

RIDDIKULUS!

Versuche, die Szene aus *Harry Potter und der Gefangene von Askaban* zu drehen, in der Neville Longbottom bei Professor Lupins Unterricht in Verteidigung gegen die Dunklen Künste den Riddikulus-Zauber nutzt. Als der streng blickende Snape aus dem Irrwicht-Schrank kommt, zieht Neville ihm mit Riddikulus die Kleider seiner Oma über. Der Irrwicht-Snape ist peinlich berührt, und Nevilles Klassenkameraden brüllen vor Lachen.

Suche dir ein einfaches, dunkles Kostüm für die ernste Version von Professor Snape. Schau dich im Haus nach Kleidern oder Stoffen um, die als Umhang durchgehen könnten. Hast du eine dunkle Tagesdecke oder ein Tuch? Wie wäre es mit einem alten, langen Mantel, der über den Schultern deines Darstellers liegt?

Als Nächstes kommt der lustige Teil: Suche dir Kleider und Accessoires zusammen, die deinen Professor Snape richtig lächerlich wirken lassen. Einen komischen Hut, ein buntes Tuch – sei kreativ!

Alte Kleidung

Wie die Requisiten der Harry-Potter-Filme musste auch ein Teil der Kleidung abgenutzt wirken. Die Kostümbildner wollen nicht, dass die Schauspieler in Kostümen herumlaufen, die aussehen, als kämen sie frisch aus dem Laden – außer natürlich, sie sollten wirklich direkt aus „Madam Malkins Anzüge für jede Gelegenheit" stammen.

Die meisten Kleider, die in der magischen Welt getragen werden, musste man extra anfertigen. Darum stand die Entscheidung an, ob die Kleider gebleicht, sauber, schmutzig, getragen, verknittert oder nigelnagelneu aussehen sollten.

VERDRECKE DEINE GARDEROBE

In welchem Zustand sollen die Kleider deiner Darsteller sein? Wenn du Kleidung beschädigen willst, hole dir erst die Erlaubnis von deinen Eltern. Besser noch, suche dir etwas Gebrauchtes auf einem Flohmarkt oder frage deine Eltern, ob sie alte Kleider haben, die sie wegwerfen wollen.

Experimentiere, um die Kleidung älter aussehen zu lassen, als sie ist. Dehne sie, reibe sie mit Erde oder Schlamm ein, reiße ein paar Nähte auf. Oder ziehe eine alte Jeans und ein T-Shirt an und rolle oder rutsche im Gras und auf dem Boden herum. Das ist die perfekte Ausrede, um dich richtig schmutzig zu machen! Um einen Mantel oder Jeans abgetragen wirken zu lassen, kannst du auch mit Schleifpapier die Fasern an der Oberfläche abschmirgeln.

Ersatz

Genauso wie Requisiten doppelt vorhanden sind, falls etwas kaputt geht, werden auch viele Teile der Garderobe eines Schauspielers mehrfach gefertigt. Ersatzstücke gibt es aus mehreren Gründen. Zum einen wird der Darsteller in Action-szenen durch ein Stunt-Double ersetzt. Das Double muss das gleiche Kostüm tragen. Ist ein Kostüm doppelt da, spart man die Zeit, in der sonst der Hauptdarsteller seinem Double die Kleidung geben müsste. Ein weiterer Grund für Mehrfachanfertigungen ist Vorsicht: Falls beim Dreh etwas beschädigt oder bekleckert wird, kann man die Kleidung sofort ersetzen, ohne die Produktion zu verzögern.

Doppelte Doubles

In *Harry Potter und die Heiligtümer des Todes – Teil 1* gibt Alastor „Mad-Eye" Moody den Mitgliedern des Ordens des Phönix einen Trank, damit sie ausse-hen wie Harry. Als sie sich alle in Harrys Doppelgänger verwandeln, tragen sie immer noch ihre vormaligen Kleider – auch die weiblichen Figuren Hermine und Nymphadora. Daher musste man alle Kleider, die die Schauspieler trugen, noch einmal mit den Maßen von Daniel Radcliffe anfertigen, der natürlich all seine Doppelgänger spielte. Daniel trug sogar einen BH!

In deinem Film brauchst du keine Mehr-fachanfertigungen, außer du hast eine Szene, in der der Schauspieler schmutzig wird. Wenn du weißt, dass du ein Kostüm mehrmals brauchst, nimm am besten ein einfaches Outfit – T-Shirt und Jeans, die man leicht und für wenig Geld doppelt haben kann. Oder nimm dir zumindest etwas Zeit, um die Kleider vor den nächsten Auf-nahmen zu waschen.

QUIDDITCH-SPORTUNIFORMEN

Der Lieblingssport in der magischen Welt ist Quidditch, und jedes Jahr treten die vier Häuser von Hogwarts um den Hogwarts-Quidditchpokal gegeneinander an. Die Kostümbildner mussten einzigartige Outfits für jedes Team ▼ anfertigen, das in diesem herausfordernden Flug-Wettbewerb antritt. Weil Quidditch so riskant sein kann, haben die Uniformen in den Harry-Potter-Filmen etliche Polster und sogar Schutzbrillen und Helme.

Stell dir vor, wie die Uniformen aussehen würden, wenn du ein Team hättest, das um den Hogwarts-Quidditchpokal spielt. Du musst dazu nicht nähen lernen. Kombiniere verschiedene bestehende Mannschaftstrikots von dir und deinen Freunden neu, um einzigartige Quidditch-Outfits zu erhalten. Vielleicht kommst du an einen Hockey-Helm oder Schulterschutz, den du über deinem Fußballshirt tragen kannst. Handschuhe, Fußballsocken, Trainingsshorts und Skistiefel gehen auch – runde das alles mit einem bunten Handtuch als Umhang ab – und du bist bereit für ein Match in luftigen Höhen, um den goldenen Schnatz zu fangen!

Slytherin Quidditch Team

FANTASTISCHE TIERWESEN GESTALTEN

Die magische Welt ist nicht nur voller Hexen und Zauberer, sondern auch voller außergewöhnlicher magischer Wesen. Von schrecklichen Drachen und Dementoren bis hin zu Hauselfen, Wassermenschen und Thestralen ist die Liste unglaublicher Wesen ziemlich lang. Im Kreativ-Team für die Filme waren Konzeptzeichner, Visual-Effects-Künstler, Modellbauer und viele mehr. Sie ließen Kreaturen aller Art auf der Leinwand lebendig werden.

Konzeptzeichner

Konzeptzeichner haben die Aufgabe, sich auszumalen, wie die Figuren, Requisiten und Umgebungen in einem Film aussehen sollen. Sie arbeiten mit dem Szenenbildner, Regisseur, Produzent und anderen zusammen, um aussagekräftige Skizzen und Illustrationen anzufertigen, die die Wesen zeigen. Oft holen sich Konzeptzeichner Inspiration bei echten Tieren oder Mythenwesen.

Bei den Harry-Potter-Filmen nutzten die Konzeptzeichner oft die Beschreibungen der magischen Kreaturen von der Autorin J. K. Rowling als Anleitung. Unten findest du zwei Beschreibungen aus den Harry-Potter-Romanen und dazu die Skizzen der Konzeptkünstler, die an den Filmen arbeiteten.

„Wenn man einmal den ersten Schreck angesichts einer Kreatur überwunden hatte, die halb Pferd, halb Vogel war, lernte man den Anblick der Hippogreife zu schätzen, deren schimmerndes Gefieder allmählich in Fell überging."

Beschreibung von Seidenschnabel, dem Hippogreif aus dem Buch *Harry Potter und der Gefangene von Askaban*, Kapitel 6

„Aus den Widerristen ragten Flügel — gewaltige schwarze ledrige Flügel, die aussahen, als würden sie Riesenfledermäusen gehören. Grausig und Unheil bringend wirkten die Geschöpfe, wie sie da still und ruhig in der Düsternis standen."

Beschreibung der Thestrale aus dem Buch *Harry Potter und der Orden des Phönix*, Kapitel 10

KREATUREN SKIZZIEREN

Es ist nicht einfach, das Aussehen einer Kreatur für deinen Film richtig hinzubekommen. Vom Hauself Dobby zeichnete ein Künstler mehrere Versionen, um die passende zu finden. Hier sind ein paar Illustrationen, wie Dobby in den Harry-Potter-Filmen ausgesehen haben könnte.

Schnappe dir Stift und Papier und nimm dir Zeit, um deine Version von Dobby zu zeichnen. Vielleicht mit spitzerer Nase, runderen Ohren oder einem noch größeren Lächeln? Probiere herum, bis du etwas findest, das dir wirklich gefällt!

Kreaturen erschaffen

Sobald feststeht, wie ein Wesen aussieht, muss man es auf der Leinwand zum Leben erwecken. Die meisten Kreaturen aus den Harry-Potter-Filmen wurden am Computer erzeugt, aber manche wurden auch gebaut. Bei *Harry Potter und die Kammer des Schreckens* wurde Aragog, die elefantengroße Acromantula, die im Verbotenen Wald haust, als komplett animatronische (eine Kombination aus Animation und Elektronik) Spinne nachgebaut – mit viereinhalb Metern Bein-Spannweite! Nur die kleinen Acromantulas, die bei Aragogs Höhle herumwuseln, waren computergeneriert (CGI).

Andere CGI-Kreaturen aus den Filmen sind Grawp, Hagrids Riesen-Halbbruder, die Wichtel, die Professor Lockhart in seinem Unterricht loslässt, und der Troll, der Hermine in *Harry Potter und der Stein der Weisen* angreift. In Nahaufnahmen dieser CGI-Kreaturen kommen manchmal große Puppenversionen zum Einsatz oder Teile davon, die aus Gussformen erstellt wurden. Diese Puppen passen zu ihren CGI-Versionen, damit der Schauspieler auf dem Set mit ihnen interagieren kann. Lebensgroße Repliken von Zentauren, Thestralen und sogar Seidenschnabel, dem Hippogreif, wurden gebaut, obwohl CGI nötig war, um diesen Kreaturen Leben einzuhauchen.

Pranken-Effekt

In *Harry Potter und der Stein der Weisen* wurde Fluffy, der dreiköpfige Hund, der den Stein der Weisen bewacht, komplett am Computer generiert – bis auf die Hundepfote, die Harry von der Falltür hob. Die Effekte-Crew fertigte von Fluffy nur diese Pfote an. Daniel Radcliffe konnte dann die Riesenpranke von der Falltür schieben, während der Hund schlief. Das war billiger und realistischer als eine CGI-Riesenpfote, bei der Harry nur so tat, als würde er sie hochheben.

Mit welchen leicht zu bauenden Einzelteilen kann dein Darsteller interagieren? Vielleicht mit dem Schwanz eines Ungarischen Hornschwanzes oder einem Hippogreifen-Fuß?

Baue eine Kreatur

Kannst du eine einzigartige Kreatur erschaffen, die auf dem Set mit deinen Schauspielern interagiert? Auch mit wenigen Mitteln kannst du kreativ werden. Bau doch einen lebensgroßen Drachenkopf aus Papier und Kleister und bewege ihn wie eine Marionette. So kannst du zeigen, wie er auf deinen Schauspieler reagiert. Hat ein Freund vielleicht eine zahme Echse, von der du Großaufnahmen zwischen Aufnahmen des Schauspielers schneiden kannst? Du kannst die Illusion einer echten, lebenden magischen Kreatur erschaffen, indem du Puppen oder Modelle mit kluger Kameraführung einbindest, oder nur einen Teil der Kreatur baust und im Bildausschnitt zeigst.

Und Action!

NÄHER, ALS DU DENKST

Es gibt einen einfachen, witzigen Trick, mit dem du den Effekt erzielen kannst, dass eine Riesenkreatur wie einer der Drachen aus der Harry-Potter-Reihe gegen deinen Hauptdarsteller kämpft. Stelle ein Modell oder eine Puppe der Kreatur nur 30 cm von der Kamera entfernt auf. Dann platziere den Schauspieler etwa sechs Meter entfernt. Die Kreatur wird im Vergleich zum Schauspieler riesig wirken.

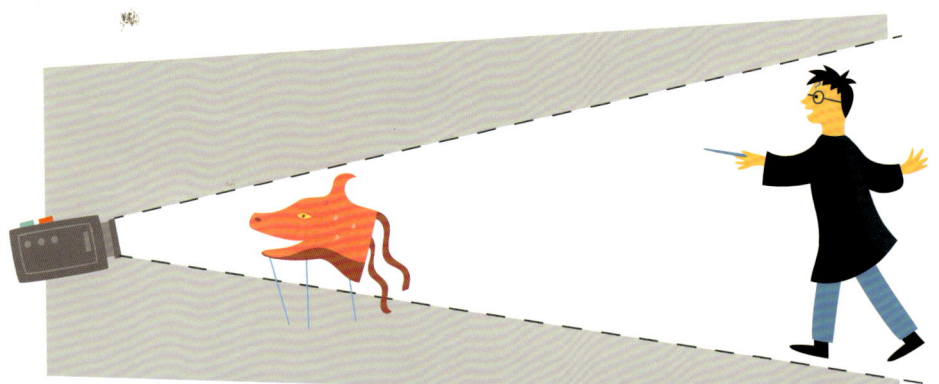

WERWÖLFE UND ANIMAGI

Professor Remus Lupin hat ein schreckliches Geheimnis – er ist ein Werwolf. In *Harry Potter und der Gefangene von Askaban* sehen wir, wie sich Professor Lupin bei Vollmond verwandelt.

Im Film war die Verwandlung des Schauspielers David Thewlis in einen fast haarlosen Werwolf eine Kombination aus Make-up-Effekten. Um die Verwandlung zu beginnen, brachte das Team für Masken-Effekte Prothesen an Thewlis' Gesicht und Händen an. Während Lupins Gesicht und Körper weniger menschlich und immer werwölfischer wurden, machte das Effekte-Team ihn im letzten Schritt zur komplett computergenerierten Kreatur.

Übe den Dreh einer Werwolf-Verwandlung, indem du mit einer Aufnahme des Mondes beginnst (du kannst einen Schnitt zu einem Vollmondfoto machen oder auf den echten warten). Dann sollte dein Darsteller zucken und stöhnen, da ihn die Wirkung des Mondes erfasst. Während er sich windet, lass ihn aus dem Bildausschnitt zu Boden stürzen. Wenn er wieder nach oben schießt, trägt er eine Werwolfmaske – und die Verwandlung ist vollzogen!

Mit derselben Technik kann man einen Animagus darstellen (eine Hexe oder einen Zauberer, der sich in ein bestimmtes Tier verwandeln kann), falls du ein Haustier hast, das die Rolle der verwandelten Figur übernehmen kann.

ZAUBERSPRÜCHE UND FLÜCHE: SPEZIALEFFEKTE

Kein Film der magischen Welt könnte ohne Magie komplett sein! Ob es ein Schwebezauber, der Entwaffnungszauber oder sogar der Todesfluch ist, einige dieser magischen Sprüche sollten in deinem Film vorkommen.

Will man Magie auf die Leinwand bringen, braucht man auch spezielle Zauberkräfte: Spezialeffekte. Das sind Illusionen oder optische Tricks, die in Filmen die Wirkung erzeugen, als würde sich etwas Magisches oder Unfassbares abspielen. Eine Herausforderung der Harry-Potter-Filme waren die umfassenden Spezialeffekte. Oft mussten die Schauspieler so tun, als würde um sie herum etwas geschehen. Der Regisseur sorgt dafür, dass die Reaktionen der Schauspieler realistisch sind und dass es so wirkt, als würden sie mit einem Wesen oder magischen Effekt interagieren, obwohl eigentlich gar nichts da ist.

Effekt-Arten

Es gibt zwei große Arten von Spezialeffekten: Die, die man vor der Kamera kreiert und aufnimmt, und die, die man in der Postproduktions-Phase einfügt. Die aufgenommenen Effekte sind Illusionen, die man vor der Kamera erzeugt. Die Schauspieler sehen sie und können mit ihnen interagieren, etwa mit einem Gegenstand, der an einem Draht durchs Bild schwebt.

Die andere Art Effekt wird nach dem Dreh erzeugt, wenn man den Film schneidet: Entweder sind es Effekte, die deine Filmbearbeitungssoftware bietet, oder du kannst Spezialeffekt-Software als „Plug-in" einfügen, um weitere Illusionen zu erschaffen. Software für Spezialeffekte gibt es auch für die Arbeit direkt am Smartphone.

AUF DRAHT:
WINGARDIUM LEVIOSA!

In *Harry Potter und der Stein der Weisen* führt Professor Flitwick seinen Zauberkunst-Schülern vor, wie man eine Feder mit einem Wutschen und Wedeln des Zauberstabs und dem Spruch *Wingardium Leviosa* schweben lässt!

Mit schwarzem Faden oder einer durchsichtigen Angelschnur kannst du verschiedene leichte Gegenstände im Zimmer herumschweben lassen. Übe mit einem Löffel, einem kleinen Buch, einem Zauberstab oder sogar einer Feder, indem du den Faden oder die Angelschnur daran befestigst. Am besten von einer Stehleiter oder einem Stuhl außerhalb des Bildausschnitts. Leichter wird es, wenn du das Ende des Fadens an einen Stab über dem Bildausschnitt bindest. Spiele mit Beleuchtung und Kameraperspektive, damit man den Faden nicht sieht.

Mit Draht kannst du auch Türen magisch zufallen, Vorhänge von allein aufgehen und deinen Zauberstab über den Tisch gleiten lassen. *Accio, Zauberstab!*

Spezialeffekte erschaffen

Es gibt für die meisten PCs etliche frei verfügbare Programme, mit denen du deinen Film bearbeiten kannst. Viele Smartphones haben auch ein paar eingebaute Effekte wie etwa Zeitlupe, Zeitraffer und Farbfilter. Unten sind Techniken beschrieben, wie du deinen Film mit einfacher Bearbeitungs-Software verbessern kannst.

Die Umkehr-Technik

Die meisten Schnittprogramme bieten die Option, die Aufnahmen umzukehren, damit die gefilmte Handlung rückwärts abläuft. Dadurch wirkt die Aufnahme einer Person, die einen Besen fallen lässt, als würde sie ihn zu sich rufen, oder ein Zauberstab, den man durchs Zimmer wirft, sieht so aus, als würde man ihn auffangen. Es ist auch eine gute Möglichkeit, die Anwendung eines Zeitumkehrers zu zeigen, mit dem man in der Zeit zurückreist.

Tipp: Um es aussehen zu lassen, als würdest du einen Zauberstab in deine Hand rufen, mach nur eine kleine Bewegung und senke die Hand ein wenig, bevor du den Stab fallen lässt. Dadurch wirkt es beim Rückwärts-Abspielen, als würde die Hand auf den eintreffenden Zauberstab reagieren.

Green- und Bluescreen-Effekte

Bei den Harry-Potter-Filmen wurden die Schauspieler oft vor einem grünen oder blauen Hintergrund gefilmt. Ein einfarbiger Hintergrund lässt sich beim Bearbeiten leichter isolieren und komplett entfernen – sodass die Filmemacher ihn dann durch das Bild eines Quidditchfelds ersetzen oder Schloss Hogwarts zeigen können.

Nachdem du deine Darsteller vor einem einfarbigen Hintergrund aufgenommen hast (nimm Plakatkarton, ein Tuch oder eine leere Wand), kannst du in deiner Schnittsoftware den Hintergrund durch andere Aufnahmen ersetzen. Pass aber auf: Deine Schnittsoftware entfernt diese Farbe komplett aus der Aufnahme, daher sollte dein Schauspieler nichts in der Hintergrundfarbe tragen.

Und Action!

LEGE DEINEN UNSICHTBAR-KEITSUMHANG AN

Harrys magischer Unsichtbarkeitsumhang nutzte genau diese Greenscreen-Technik durch einen Umhang, dessen Innenseite grün gefüttert war. Wenn Harry den Umhang umdrehte, um ihn über sich zu legen, verschwand die grüne Farbe in der Postproduktion, sodass es wirkte, als würde Harry mit dem Umhang verschwinden.

Du kannst dir deinen Unsichtbarkeitsumhang mit einem grünen oder blauen Handtuch oder Laken machen. Stell dich in dein Zimmer, und wickle, während du dich filmst, das Handtuch um deinen Körper, sodass nur noch der Kopf herausguckt. Laufe oder tanze durch den Raum. In der Postproduktion entfernst du mit Greenscreen- oder Bluescreen-Software die Farbe deines Tuches, und es wird so wirken, als würde dein Kopf durch den Raum schweben oder tanzen! Um die Farbe des Tuches mit der Ansicht dahinter zu füllen, musst du eine weitere Aufnahme mit demselben Hintergrund ohne dich darüberlegen. Stelle deine Kamera dazu auf ein Dreibein-Stativ.

Effekte-Mix

Stürmische Zeiten

Ein einfacher Effekt am Set der Harry-Potter-Filme waren auf die Darsteller gerichtete Ventilatoren. Sie erzeugten nicht nur Wettereffekte, sondern erhöhten auch die Dramatik: Zum Beispiel kam ein wilder Wind auf, als Harry mit seinem Zauberstab den mächtigen Patronuszauber wirkte, der Sirius Black in *Harry Potter und der Gefangene von Askaban* vor den Dementoren schützte.

Hast du einen Stand- oder Tischventilator? Stell ihn möglichst nahe an den Darsteller, ohne den Ventilator im Bild zu haben. Das funktioniert am besten bei Nahaufnahmen (von der Taille aufwärts) oder Großaufnahmen (vom Halsansatz aufwärts). Je nach Szene passt du die Stärke des Ventilators an. Soll den Schauspieler eine leichte Brise umwehen, bei der sein Haar im Wind tänzelt – oder ein heftiger Sturm, während dein Harry-Darsteller einen Zauber brüllt und sein Haar und seine Robe von der Macht gepeitscht werden?

Tipp: Am besten nutzt du einen Ventilator für Windeffekte, wenn es keinen Dialog gibt, denn der könnte untergehen. Oder du musst den Dialog in der Postproduktion nachträglich einfügen.

Beleuchtung

Dem peitschenden Wind im Gesicht deines Darstellers kannst du eine weitere wirksame Illusion hinzufügen: Wedle mit einem Stück Karton vor einem Filmscheinwerfer. Dadurch entsteht ein Effekt wie bei einem Blitz und das lässt jede Szene dramatischer wirken.

FLUGSZENE

Schnapp dir einen Besen aus dem Schrank und mach dich flugbereit. Für die Greenscreen-Technik spannst du ein grünes oder blaues Tuch hinter deinem Darsteller auf, der sich auf den Besen setzt, als wäre er beim Quidditchspiel. Stell vor ihm einen Tischventilator auf, der ihm die Haare zurückweht – mit einem Umhang kommt der Windeffekt noch besser heraus. Der Kameramann sollte die Kamera in der Hand halten, damit es so aussieht, als würde die Figur wild durch den Himmel fliegen.

Jetzt richte deine Kamera in einer neuen Aufnahme gen Himmel, um ein paar Wolken aufzunehmen. Bewege die Kamera über den Himmel und stell dir dabei vor, deine Figur würde durch die Aufnahme fliegen.

In der Postproduktion lass den blauen (oder grünen) Hintergrund mit deiner Schnittsoftware verschwinden. Lege den Schauspieler über deinen gefilmten Himmel, und du hast eine überzeugende Aufnahme, wie er auf einem Nimbus 2000 durch die Lüfte fliegt!

SCHNEIDE DEINEN MAGISCHEN FILM

Beim Schnitt werden die Szenen oder Aufnahmen, die du gemacht hast, bearbeitet und zusammengefügt, um deine Geschichte zu erzählen. Es gibt zwei Arten von Übergängen, um Einstellungen oder Szenen zu verbinden. Die erste Technik nennt man „Schnitt": Eine Aufnahme springt sofort zur nächsten. Das sagt aus, dass die beiden Aufnahmen nacheinander stattfinden.

Der nächste Übergang heißt „Überblenden". Dabei löst sich eine Einstellung langsam auf, um die nächste zu enthüllen. Damit sagt man aus, dass zwischen der ersten und der zweiten Aufnahme Zeit vergangen ist. In *Harry Potter und der Gefangene von Askaban* zeigt der Regisseur mit einer Überblendung zwischen einem Bild von Harry, der eine Quidditch-Zeichnung sieht, und dem Anfang eines Quidditchspiels, dass wir einen Zeitsprung nach vorne machen.

Stelle deinen Film mit Schnitten und Überblendungen zusammen, wo immer sie passen! Schnittsoftware und sogar Apps fürs Smartphone haben oft einige Möglichkeiten für Übergänge, darunter auch Überblendungen.

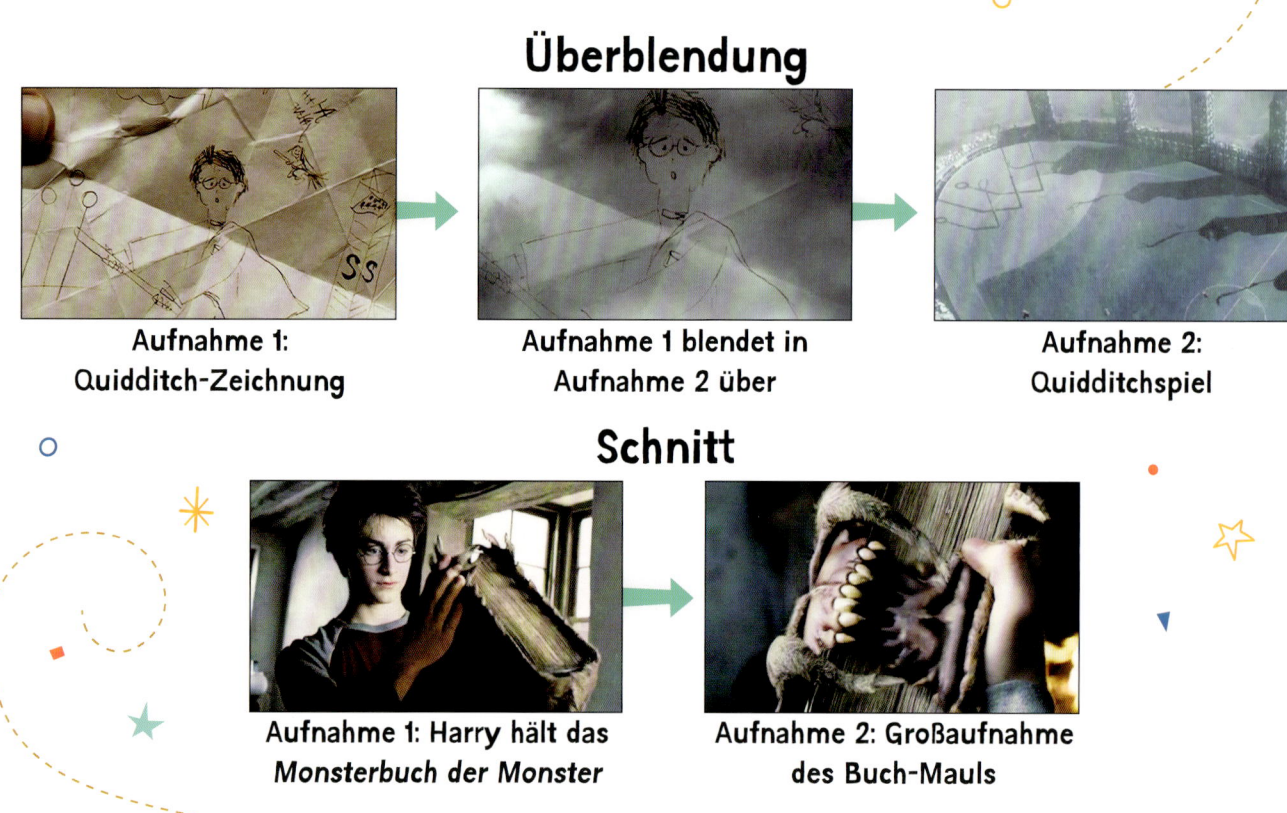

Überblendung

Aufnahme 1:
Quidditch-Zeichnung

Aufnahme 1 blendet in
Aufnahme 2 über

Aufnahme 2:
Quidditchspiel

Schnitt

Aufnahme 1: Harry hält das
Monsterbuch der Monster

Aufnahme 2: Großaufnahme
des Buch-Mauls

Ton-Effekte

Ton-Effekte sind eine weitere Ebene, die du in der Postproduktion einfügen kannst. Nimm die Geräusche und Klänge echter Orte auf, etwa deiner Schule oder eines Restaurants, und füge sie als Hintergrund einer Szene ein, die in der Großen Halle spielt, damit sie realistischer klingt. Suche außerdem Ton-Effekte passend zu den Spezialeffekten – lass es knallen, wenn ein Spruch aus einem Zauberstab schießt, oder dramatisch krachen, wenn ein Stab zu Boden fällt.

In *Der Gefangene von Askaban* essen Harry, Ron, Seamus und Neville Süßigkeiten, die sie wie Tiere klingen lassen. Nimm das Bellen oder Miauen eines Haustiers auf und tue so, als würde dein Darsteller das Geräusch machen.

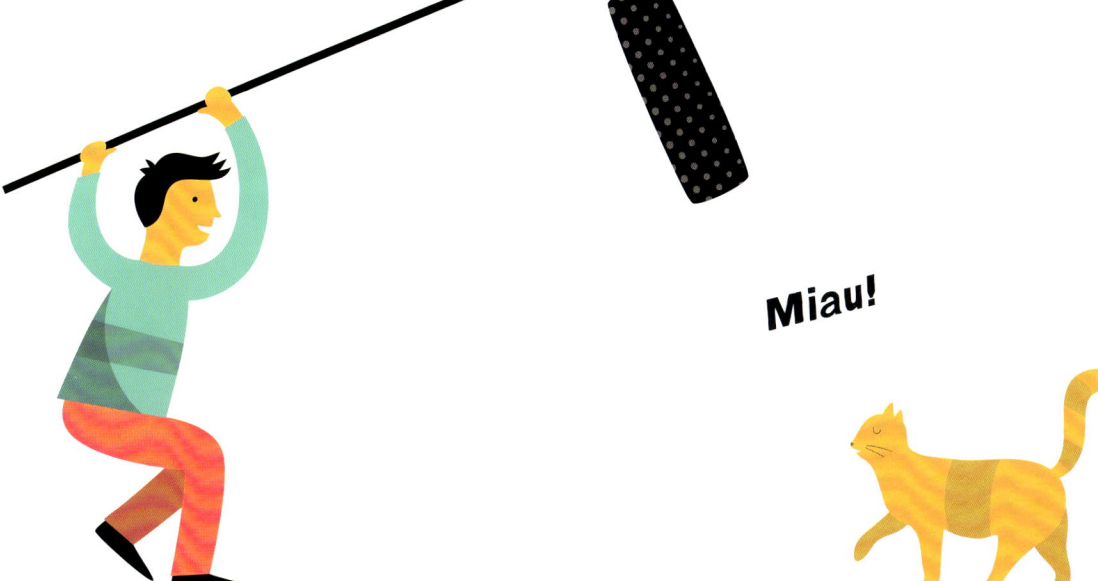

Miau!

LICHT, KAMERA, ACTION!

Glückwunsch! Du hast deinen ersten Kurs in der Magie des Filmemachens geschafft. Nun bist du bereit für deinen eigenen kleinen Hogwarts-Film mit deiner Familie und deinen Freunden in den liebenswerten und kuriosen Rollen der Harry-Potter-Welt.

Vergiss eines nicht – habe Spaß! Nutze dieses Buch und die Aktivitäten darin als Inspiration für deine ganz eigene Geschichte und denke dir eigene Zauberfähigkeiten und Kreaturen aus. Folge dem Plan, deine Zuschauer mit deiner Version der magischen Welt zu unterhalten. Filme dein Meisterwerk und mach daraus etwas so Witziges, dass Harry Potter, wäre er dein Zuschauer, rufen würde: „Genial!"

Published by Arrangement with Insight Editions,
LP, 800 A Street, San Rafael, CA 94901, USA,
www.insighteditions.com

Text Bryan Michael Stoller
Redaktionsleitung Raoul Goff
Programmmanager Vanessa Lopez
Gestaltung und Bildredaktion Chrissy Kwasnik, Stuart Smith,
Judy Wiatrek Trum
Lektorat Greg Solano, Lauren LePera, Hilary VandenBroek
Herstellung Rachel Anderson, Greg Steffen
Illustrationen Tom Woolley

Für die deutsche Ausgabe:
Programmleitung Monika Schlitzer
Projektbetreuung Christian Noß
Herstellungsleitung Dorothee Whittaker
Herstellungskoordination Isabelle Stei, Ksenia Lebedeva
Herstellung Evely Xie

Titel der englischen Originalausgabe:
Harry Potter Imagining Hogwarts. A Beginner's Guide to Moviemaking

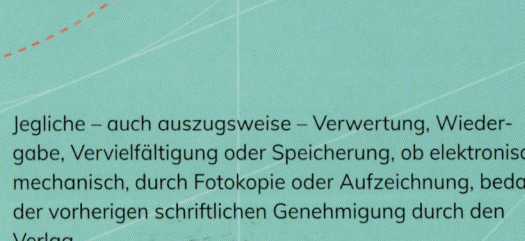

Übersetzung Simone Heller
Lektorat Tanja Schröpfer

ISBN 978-3-8310-3851-0

Druck und Bindung China

www.dorlingkindersley.de